Printed in Italy

World war, 1939-1945 - Claims

Claims - Italy

ED

ASSOCIAZIONE NAZIONALE SINISTRATI E DANNEGGIATI DI GUERRA

ROMA

PROF. DOTT. RICCARDO MARTINO

PRINCIPI FONDAMENTALI SUI DANNI DI GUERRA AI BENI PRIVATI

(Relazione al I° Congresso Nazionale del Luglio 1948 in Roma pubblicata a cura dell'Associazione su voto unanime del Congresso)

PADOVA – CEDAM – CASA EDITRICE DOTT. ANTONIO MILANI – 1949

ASSOCIAZIONE NAZIONALE SINISTRATI E DANNEGGIATI DI GUERRA

ROMA

Prof. Dott. RICCARDO MARTINO

PRINCIPI FONDAMENTALI SUI DANNI DI GUERRA AI BENI PRIVATI

(*Relazione al I° Congresso Nazionale del Luglio* 1948 *in Roma pubblicata a cura dell'Associazione su voto unanime del Congresso*)

Padova - CEDAM - Casa Editrice Dott. Antonio Milani - 1949

R. R.

Stampato nella Tipografia delle Mantellate - Roma - 1948

DAL CONVEGNO DI FIRENZE AL CONGRESSO IN CAMPIDOGLIO

(NOTE STORICHE)

Dopo la Liberazione, in Italia sorsero Associazioni di Danneggiati di Guerra. Sorsero, in momenti diversi; prima (1944) nell' Italia centro meridionale, poi (1945) nel resto della Penisola a mano a mano che la *debellatio* si estendeva al Nord e la libertà era restaurata anche nel campo associativo.

A Napoli e a Roma si videro nascere le prime Associazioni tra sinistrati di guerra; a Napoli l' Unione Nazionale Sinistrati di Guerra, a Roma la Associazione Nazionale Danneggiati di Guerra.

Altre Associazioni sorsero a raggio regionale e provinciale e perfino comunale, ma la loro ristretta base geografica e quindi numerica dette un corpo senza voce al loro organismo sicchè esse non potettero agire oltre l'assistenza, anche questa debole per debolezza organizzativa di chi la prestava.

Ben presto le Associazioni stesse, maggiori e minori, a contatto con la realtà si avvidero che esse si sarebbero trovate in uno stato di precarietà continuando a mantenersi in una posizione di autonomia organizzativa.

Maggior risalto venne ad assumere questo stato di frazionamento organizzativo dei danneggiati di guerra, rilevandone l' intima debolezza, allorquando si constatò che il Governo non prestava attenzione sufficiente alle richieste, diventate poi proteste per il mancato aggiornamento delle disposizioni legislative inoperanti, dei sinistrati reclamanti provvedimenti nuovi, idonei a risolvere il problema del risarcimento dei danni di guerra come problema economico-sociale.

Cittadini che, prima del danno, vivevano in decorosa agiatezza, erano passati nel baleno del sinistro fatale ad aumentare il numero dei diseredati per nascita ; persone appartenenti al sofferente proletariato erano ridotte, a causa del sinistro totale, in quella miseria nera nella quale era facile cadere senza rialzarsi se, provenienti da una povertá anteriore, non potevano intervenire forze di censo parentale sempre sollecite a dar loro una mano amorosa e salvatrice ; donne, in prevalenza spose e madri, staccate dai loro congiunti lontani per la guerra, costrette a fissarsi con le loro creature in squarciati di case colpite dalle bombe, in cantine, in sotterranei, in baraccamenti, a volte sotto colonnati pubblici o soffitte abbandonate ed aperte ad ogni intemperie e persino in gole e caverne di monti che erano state, una volta, asili protettori contro la tempesta di fuoco piovente dal cielo.

Questo stato di povertà, spesso di miseria, di lutti, di rovine materiali, di malattie, di fomite all' immoralità che si era diffuso in buona parte della popolazione sinistrata. aveva fatto fermentare un sottile malcontento, acuitosi, a volte, in malanimo, ed aveva portato in primo piano una critica al Governo perchè si attribuiva ad esso, se non la causa, l'aggravamento della causa di una sofferenza sociale continuata che non poteva certamente perpetuarsi.

C'è nella vita sociale una voce senza parole cha si comunica tra tutti coloro che portano il peso di una sciagura comune. I sinistrati si sono sentiti uniti senza conoscersi, uniti in una vibrazione sola del comune dolore, rafforzati nello sdegno dell'oblio in cui tanto facilmente si sono visti caduti, mentre la popolazione illesa riprendeva il senso gaudioso della vita in quello aprile di frenesia esteriore che segue come uno scoppio dopo le obbligate castigatezze imposte dalla guerra.

Le Associazioni di sinistrati compresero perciò che occorreva uscire dal ristretto campo assistenzialistico e portarsi su di un piano nazionale di rivendicazioni essenziali interessanti direttamente le principali questioni scaturite dalla desuetudine della legge N. 1543 del 1940 da parte della pubblica Amministrazione.

Si apre così la fase delle intese, cioè delle consultazioni collettive tra esponenti delle Associazioni, delle prime tendenze associative generali promosse e sviluppate dall'intuito e dalla delicata umanità dei dirigenti. Questi avvertono la debolezza ed il pericolo di organizzazioni plurime, per conseguenza autonome e gelose l'una dell'altra, e pensano già ad una soluzione radicale del problema organizzativo.

Questa fase delle intese è caratterizzata dall'esame metodico dei problemi svolto in assemblee, convegni, congressi nelle principali Provincie e con la partecipazione di autorità politiche e finanziarie nella speranza di far sentire al di fuori delle associazioni l'alto contenuto delle quistioni nascenti dal problema generale dei danni di guerra.

Gli acconti con le quistioni della misura risibile e delle «voci» escluse ; i contributi edilizi con le quistioni dell'unità immobiliare, dei prezzi, dei preventivi in rapporto alla «indispensabilità della spesa» ; le coabitazioni ; i fitti e le maggiorazioni d'ignobile titolo ed il Commissariato degli alloggi ; gli sfratti e le resistenze organizzate dai sinistrati a difesa dei loro compagni di sventura ; il coro di consensi . . . alla rapidità tradizionale della burocrazia . . ., e la folla delle quistioni particolari e soggettive nascenti dagli interessi insoddisfatti di centinaia di migliaia di iscritti hanno formato oggetto di dibattiti della dolente e bollente materia. Essa poi è stata via via chiarita in ordini del giorno resi pubblici a mezzo della stampa prima timida, poi più sincera nella sottintesa opportunità di agitare il problema nel Paese e davanti al Governo, perchè la giustizia, a lungo andare, non può non riprendere il trionfo che le è proprio.

Questo scambio di vedute e di rilievi facilitanti la formazione di idee chiare sul problema centrale nell'ambito delle singole Associazioni, questa pubblicità degli interessi non più sporadica ma sistematica a mezzo di organi di stampa propri che le Associazioni Nazionali più rappresentative erano riuscite a dar vita e mantenere; questa critica che sale da ogni Provincia agli organi centrali sul disfunzionamento degli uffici liquidatori diventati, nella carenza delle Commissioni Compartimentali, roccaforte di interpretazioni e giudicati di tale disformità concettuale e pratica tra Provincia e Provincia da far pensare ad un diniego sostanziale di pagamento: qualche voce critica di forte obiettività trasmessa anche dalla Radio e perciò di grande effetto propagandistico hanno rianimato i sinistrati di guerra nella constatazione che la loro causa ritorna e rivive non solo nella coscienza ma nella volontà dei dirigenti e del Paese.

In uno di questi Convegni di Associazioni si affermò formalmente l'idea di raccogliere le forze sparse e disseminate per riunirle in un'unità organizzativa; in uno di questi Convegni il problema preliminare dell'organizzazione unitaria uscì dal chiuso delle coscienze nel quale era già maturato ed assunse concretezza attraverso un' iniziativa di collaborazione che doveva segnare e segnò la prima pietra dell'edificazione istituzionale successiva.

Tentativi del genere furono fatti nel giugno 1947 a Roma, ma essi abortirono ; servirono però di insegnamento e di ammonimento.

Il 18 marzo 1948 ebbe luogo a Firenze un Convegno interregionale di dirigenti delle Associazioni di Danneggiati e Sinistrati di Guerra promosso dalla Federazione Regionale Toscana.

Al Convegno parteciparono numerosi rappresentanti delle seguenti regioni : Emilia, Lazio, Romagna, Toscana, Veneto.

Questo Convegno non aveva per oggetto problemi di organizzazione ma quistioni tecniche, economiche e giuridiche rientranti nel quadro generale dei problemi nazionali, allora, per la prima volta, trattati collegialmente da esponenti di Associazioni maggiori e minori.

Il tono non rigidamente protocollare dei lavori permise, seduta stante, che l'argomento organizzativo non incluso nell'ordine del giorno fosse compreso come argomento preliminare secondo la richiesta indeclinabile del presentatore.

Il problema fu affrontato in pieno e la trattazione disegnò una diagnosi ed una terapia che l'esperienza immediatamente successiva dimostrò fondate.

Infatti, attraverso la storia delle varie organizzazioni del genere sorte in Italia nei loro progressivi rapporti con gli iscritti, con lo Stato, con la opinione pubblica vennero individuate le cause per le quali dopo circa 4 anni dalla fine della guerra gli interessi fondamentali di milioni di sinistrati di guerra erano ancora mal tutelati da far pensare che lo Stato nulla facesse nel campo organizzativo perchè poteva essere conveniente non incrementare l'organizzazione se questo incremento servisse a dar maggiore voce in capitolo nella soddisfazione dei diritti di questa nuova classe sociale del dopo guerra.

Ma nel Convegno fu posto questo quesito risolutivo: perchè discutiamo ancora di questo o quel problema di legge e di economia, più o meno acquisiti dalla generalità, se non discutiamo prima il problema di noi stessi dalla risoluzione del quale dipenderà la sorte dei problemi di categoria?

E si aggiunse come proposta decisiva: uniamoci in una sola ma potente organizzazione nazionale; il resto verrà da sè. Nella potenza del numero, che esprime sempre una forza sociale reale, potremo esercitare diritti costituzionali nuovi conferitici dalla nuova Costituzione. L'art. 71, ultimo comma, della Costituzione della Repubblica dà il diritto di promuovere leggi di volontà popolare; la nostra nuova legge sui danni di guerra la presenteremo noi al Parlamento intanto che il Governo provvederà per conto proprio, se provvederà, quando provvederà!

Questa fu la voce espressa in tono di alta convizione che si elevò inaspettatamente nel Convegno; il Convegno questa voce comprese ed accolse.

Il problema organizzativo era virtualmente sulla via della soluzione autentica perchè se ne comprese ed apprezzò il valore preliminare.

Il Convegno di Firenze si assunse due compiti fondamentali: l'unificazione associativa nazionale ed il referendum popolare per l'art. 71 della Costituzione della Repubblica.

Per l'assolvimento di questi compiti il Convegno elesse dal suo seno un Comitato d'Intesa, e ad esso furono invitati a partecipare anche dirigenti di Associazioni del Mezzogiorno e della Sicilia, che erano state alla avanguardia del movimento associativo, per estendere la base nazionale del Comitato stesso.

Deputati, studiosi, professionisti e dirigenti di solida preparazione ne furono le menti costruttive,

Felicemente nato nella Città del Giglio, il Comitato d'Intesa si riunì la prima volta a Roma l' 11-5-1948 presso la sede della Federazione Nazionale Danneggiati di Guerra per l' impianto dei lavori ed il riparto delle attribuzioni demandate ad una apposita Commissione di Studio per la riforma della legge e ad un'apposita Commissione per l'elaborazione dello Statuto della futura Associazione unitaria.

La Commissione di Studio si riunì a Firenze il 26 e 27 maggio 1948.

La severa accogliente tranquillità dell'Accademia dei Georgofili di Firenze nello scenario architettonico degli Uffizi nella quale fu ospitata la Commissione di Studio, facilitò il filtro delle idee affacciate da varie parti su quelli che avrebbero dovuto essere i principi fondamentali informatori del progetto di legge popolare di riforma della precedente legislazione.

E se l'aria accademica di quelle stanze colme di alto silenzio predispose uno stato d'animo di migliore armonia da facilitare la corrispondenza delle opinioni personali agli interessi generali della categoria, bisogna riconoscere che al di fuori ed al di sopra di qualsiasi eccitamento psicologico estraneo al contenuto delle discussioni. valse essenzialmente il sentimento ed il concetto di giustizia, vivissimi in tutti i presenti, ad ispirare e concludere le discussioni sulla definizione dei principi fondamentali.

Questi principi fondamentali, formulati dalla Commissione di Studio ed approvati dal Comitato d' Intesa, divennero le risoluzioni di massima ufficialmente adottate dal Comitato stesso per essere proposte come lo furono a base del progetto della nuova legge sui danni di guerra.

Furono questi principi fondamentali che vennero portati all'esame, alla discussione ed alla approvazione del Congresso Nazionale di Roma nelle tornate del 10, 11 e 12 luglio 1948.

Il prof. Ciro Polidori di Firenze ed il prof. Luigi Rocco di Roma furono incaricati di trattare e trattarono la parte finanziaria della riforma della legge, il primo con un Piano di contribuzioni imposizionali ispirato al principio della mutualità, il secondo con uno studio sui mezzi creditizi di finanziamento risarcimentale.

Il prof. Riccardo Martino di Padova fu incaricato di trattare e trattò le parte generale della riforma legislativa esposta nella relazione pubblicata in questo opuscolo per volontà del Congresso Nazionale.

A giusta riconoscenza verso i principali fautori e collaboratori dell'opera di unificazione organizzativa e di sistemazione giuridica delle rivendicazioni, riteniamo doveroso ricordare pubblicamente i nomi delle persone che nel Comitato d' Intesa si resero particolarmente benemerite della causa dei sinistrati e danneggiati di guerra,

On. Italo Bargagni di Pisa, Sig. Baroni Marino di Firenze, Dr. Bellotti Luigi di Roma, Dr. De Sarlo Mario di Roma, Prof. D' Itria Livio di Benevento, Sig. Galli Mario di Pisa, Prof. Dott. Riccardo Martino di Padova, Avv. Pecoraro Antonio di Palermo, On. Prof. Avv. Riccio Stefano di Napoli, On. Avv. Sansone Renato di Napoli,

Prof. Dott. Aldo Testa di Bologna, Ing. Dott. Tommasi Marcello di Verona.

Agli occhi di tutti coloro che fanno parte della grande famiglia nazionale dei sinistrati e danneggiati di guerra che hanno seguito il nostro movimento, il Comitato d' Intesa è particolarmente benemerito di aver condotto sulla strada dell'unità nazionale le varie Associazioni e di aver suscitato nell'opinione pubblica un interessamento nuovo oltre un risveglio per il problema dei danni di guerra.

Oggi l'unificazione è compiuta, e noi del Consiglio salutiamo con la commozione dell'artefice la nascita della Associazione unitaria venuta alla luce principalmente dal palpito del cuore e poi dagli sforzi vari di tutti quelli che hanno visto e sentito nel problema in parola l'alto interesse che presentano le quistioni sociali. E tra le quali questo imponente di andare incontro ai bisogni innumeri ed immensi di un ceto sociale dolente e nuovo perchè esso non ha precedenti uguali nella storia degli sconvolgimenti sociali causati direttamente dalle guerre.

Questo alto interesse è spirituale ed economico, e la sua pressione è data anche dal numero elevato dei denunzianti se si considera che – pare – sono state presentate circa tre milioni di domande di risarcimento.

All'opera di unificazione associativa dovrà far coronamento l'atto di consacrazione giuridica dello Stato del riconoscimento ufficiale della Associazione. Questa sarà la conquista organizzativa finale corrispondente al voto più profondo della grande derelitta famiglia dei sinistrati di guerra.

Vittima innocente della civiltà meccanica senza Dio, il nome solo di sinistrato di guerra suscita e riassume memorie grevi di dolori e di sacrifici che si continuano ancora dopo la guerra.

E' questo dolore ancora palpitante nell'animo di tanti sinistrati, è questo sacrificio ancora in atto, sono queste rovine ancora parlanti di squallore nella loro forzata aderenza terriera, che reclamano provvedimenti restauratori a mezzo dell'autorità dello Stato in nome della giustizia sociale e della solidarietà nazionale, ed ai fini ricostruttivi del Paese.

Nella speranza che queste alte finalità di giustizia sociale possano essere meglio ed adeguatamente raggiunte, sono stati elaborati e definiti i principii che si troveranno esposti nella Relazione illustrativa che segue ed in base ai quali dovrebbero essere assisi i giusti provvedimenti restauratori da parte dello Stato.

R. M.

Padova, agosto 1948

I

IL DIRITTO AL RISARCIMENTO

L'Associazione dei danneggiati ha avuto una preoccupazione di principio ; essa ha voluto porre come preambolo giuridico il diritto al risarcimento.

Il confronto tra la legislazione risarcimentale del 1918 e del 1940 ha messo in evidenza le diverse posizioni dello Stato nel riguardi del trattamento giuridico della pretesa del danneggiato.

Infatti, il D. L. 8 giugno 1918 n. 780 dice testualmente all'art. 1 : « è riconosciuto il diritto al risarcimento dei danni di guerra » trasformato poi nel T. U. del D. L. 27 marzo 1919 n. 426 nel seguente : « il diritto al risarcimento dei danni di guerra è riconosciuto » ecc. Ma la legislazione risarcimentale di questa guerra è stata basata sulla L. 26 ottobre 1940 n. 1543 avente una dizione diversa da quella usata nella legislazione della passata guerra.

Le formulazioni diverse della pretesa nella precedente e nella recente legislazione sono di evidente diversità di effetti.

La recente legislazione all'art. 1 della legge 1543 del 1940 contiene la facoltà di *concedere* il risarcimento, ed all'art. 3 successivo ribadisce quest' idea con la frase « sono amesse al risarcimento le persone » ecc.

Le due dizioni : « concessione » ed « ammissione » danno da pensare sia per il fondamento di discrezionalità sul quale esse poggiano, sia per la perplessità terminologica che esse presentano nella interpretazione di una legge che crea rapporti giuridici tra il cittadino danneggiato e la P. A.

Se lo Stato concede o ammette al risarcimento, vorrebbe dire che il danneggiato concesso o ammesso trovasi in quel rapporto di diritto amministrativo nel quale egli RICEVE un diritto volta per volta che la P. A. crederà trasferirglielo o riconoscerglielo.

Saremmo nella sottospecie dell'atto amministrativo costitutivo di poteri o di diritti, cioè indipendentemente dalla esistenza di un diritto generale ed astratto al risarcimento positivamente stabilito o riconosciuto in una legge dello Stato uguale per tutti quelli che vengano a trovarsi nelle condizioni soggettive (requisiti) ed oggettive (circostanze) di danneggiato di guerra. Il danneggiato di guerra non avrebbe un diritto azionabile ma soltanto un potere di chiedere, cioè un interesse senza tutela e per cui il danneggiato di guerra potrebbe ottenere ma non ha diritto di ottenere il risarcimento (diversità di effetti).

Che il rapporto giuridico creato dalla legge n. 1543 del 1940 sia un rapporto che non crei un diritto azionabile ma soltanto un interesse protetto, lo conferma una delle più elaborate decisioni della giurisprudenza amministrativa.

Nella sentenza n. 270 del Consiglio di Stato IV, 5 luglio 1947 n. 230; Pres. ed Gt. Rocco: Mannino contro Ministero Africa Italiana, è detto nella enunciazoine finale del dispositivo.

« Le norme vigenti sul risarcimento dei danni di guerra alle cose attribuiscono al cittadino un interesse legittimo al risarcimento, non già un diritto soggettivo, come era nella legge del 1919, o un interesse semplice ».

Segue un dotto svolgimento argomentativo in diritto di 16 fitte colonne di volume.

La giustificazione del diritto – Le ragioni che giustificano la concezione del diritto contro la concezione della concessione sono state variamente elaborate dalla storia dalla dottrina della responsabilità dello Stato nello svolgimento delle sue funzioni di amministrazione degli interessi dei cittadini.

Pertanto, storicamente la teoria della responsabilità statale per fatto di guerra si è divisa, nella storia del pensiero giuridico pubblico, in due correnti, alcune negando altre affermando il dovere giuridico dello Stato a risarcire i danni di guerra.

Quel che colpisce l'attenzione è il fatto storico che le teorie partono da una negazione assoluta e si modificano nel corso dell'evoluzione della civiltà per un orientamento verso la risarcibilità sia pure distinguendo tra danno risarcibile e danno irrisarcibile a seconda la provenienza dell'offesa bellica se nemica o nazionale ed a seconda anche della qualità dei beni.

Crozio e Vasquez intorno al 1600 negano, nella prima impostazione della teoria, per venire alla Rivoluzione Francese ed all'età contemporanea con gli italiani Cogliolo, Ranelletti, Carraro, Ascoli, Giaquinto ed altri e con il francese Jèze, che affermano sostanzialmente la risarcibilità appoggiandosi alle argomentazioni della solidarietà nazionale e della uguaglianza dei cittadini nei pubblici carichi.

Questa evoluzione del principio della risarcibilità va di pari passo con la evoluzione del concetto di Stato, e se siamo in un momento storico nel quale prevale il concetto assolutista di Stato, la logica di tale concezione non condurrebbe ad ammettere il risarcimento dei danni di guerra come diritto dei cittadini danneggiati.

Forse la concezione fascista a cui risale la legge del 1940 dello Stato totalitario ha potuto fare pensare, al potere esecutivo che la ha preparata ed alla Camera dei Fasci e delle Corporazioni ed al Senato che l'hanno approvata, che risarcire non fosse un dovere anche per lo Stato allorquando danneggia o distrugge in stato di guerra cose altrui ma semplicemente una possibilità.

Lo Stato onnipotente, la Stato autoritario, lo Stato a cui nulla si deve negare, lo Stato con i famosi fini propri da conseguire distinti e diversi dagli individui che lo compongono era comoda teoria dell'oligarchia governamentale per dare una ragione alla iniquità.

Ma la concezione dello stato democratico rafforzatasi ed illuminatasi nella tragedia immane dell'ultima guerra mondiale offre e pone alla coscienza sociale ed al pensiero giuridico argomentazioni nuove a favore della tesi della responsabilità dello Stato e del dovere del risarcimento.

Se lo Stato è, invece. Stato che rispetta senza riserve limitatrici la libertà della persona umana ed indirizza la sua azione a dare un contenuto sempre più progressivo a questa libertà nella forma della democrazia, questa concezione dello Stato è opposizione e battaglia alla concezione assolutista.

Il principio democratico che riveste delle sue forme lo Stato rispettoso della libertà dei suoi membri, il principio democratico postula una partecipazione sempre più cosciente e sempre meno indiretta del popolo all'amministrazione dei propri interessi.

Questa partecipazione sempre più consapevole e meno indiretta del popolo alla cosa pubblica forma, di per sè, una sensibilità intelligente di tutti i cittadini all'interesse collettivo minacciato o già offeso dalla guerra.

Nel caso di interesse collettivo già offeso dalla guerra perchè questa è stata già consumata, la coscienza collettiva risorge vivissima davanti al danno nazionale emergente, e senza bisogno di preventiva elaborazione dottrinale perchè è un fatto naturale della coscienza civile, essa afferma, con voce unanime, di volere e vedere applicata la giustizia. Questa voce di giustizia è accolta dalla dottrina, che imposta poi il suo sistema del danno di guerra risarcibile sulla *teoria del riparto* per spiegare in qual modo tecnico il danno di guerra dovrebbe essere risarcito dallo Stato.

La nostra, dunque, è *teoria del riparto* o, come si volesse anche chiamare, teoria dell'avaria nazionale in cui il principio della uguaglianza nelle gioie e nei sacrifici della vita nazionale si manifesta in particolare modo nei suoi effetti economici dato che il danno di guerra è lesione patrimoniale.

Perciò credo non azzardata l'opinione che lo Stato moderno, così come oggi noi lo vediamo vestito di autorità che non sia giustizia, non solo nei rapporti privatistici ma nei rapporti nei quali è egli stesso soggetto, lo Stato moderno sovraccarico di compiti – doveri nell'interesse dei suoi stessi membri, lo Stato nasca con il dovere di risarcire se danneggia anche per fatto di guerra così come è nato con i doveri primordiali di rendere la giustizia ai privati e di assicurare l'ordine pubblico e di garantire la difesa. Questo dovere dello Stato fa nascere il correlativo diritto del cittadino al risarcimento.

Il riconoscimento poi del diritto al risarcimento è anche un contributo a quella migliore coscienza e volontà della pace, a quel più concreto diritto dei popoli all'ordine internazionale che il danno di guerra risarcibile e ripartibile potrebbe facilitare con la prospettiva di una speciale contribuzione risarcimentale in caso di guerra a carico di tutti.

Insomma, una guerra che costasse immediatamente non soltanto al bilancio statale ma anche specificamente al bilancio familiare oltre ai pesi generali e normali, potrebbe essere una remora alle guerre nel futuro sistema di idee sociali che presiederanno ai rapporti internazionali. E non sarebbe poca cosa nell'impostazione avvenire della vita sociale.

D'altra parte, considerando la condizione di diseredazione assoluta nella quale il danno di questa guerra ha gettato migliaia di famiglie obbligate perciò ad una vita incivile, la negazione della risarcibilità come diritto avrebbe per conseguenza un progressivo abbassamento della vita civile di queste famiglie irrisarcite, e ciò porterebbe lo Stato ad un posizione di contraddizione con i suoi stessi principi di tutela della vita e degli averi di tutti e specialmente con il principio di giustizia sociale che verrebbe calpestato nello stesso momento che si afferma.

Ora lo Stato democratico, lo Stato rispettoso della persona umana intesa anche come esplicazione di attività concreta non può permettere che una forte aliquota del popolo italiano colpita dal danno di guerra si tenga il danno e quelli che non l'hanno sofferto si tengano i vantaggi della guerra. Su questa idea di giustizia sociale oltre che di solidarietà nazionale e di necessità ricostruttiva sono fondate le ragioni dell'articolo primo del progetto di legge che viene proposto. Il riconoscimento del diritto che si è dichiarato è, da un punto di vista politico-giuridico, denunzia e ripudio della lunga parentesi di uno Stato autoritario, ed evoluzione oltre che continuazione di una concezione di Stato democratico.

La integralità del risarcimento nei limiti, vuol affermare che la giustizia sociale impone il risarcimento integrale dei modesti patrimoni fonte unica di reddito del danneggiato, e la integralità del risarcimento con le modalità ecc. vuol affermare che sarà il principio della muatualità il principio finanziario operante in ogni settore dell'economia privata.

Ecco il testo dell' articolo unico di preambolo del progetto di legge di iniziativa associativa di volontà popolare.

« In nome della giustizia sociale e della solidarietà nazionale, ai fini della ricostruzione del Paese, è riconosciuto il diritto al risarcimento integrale del danno di guerra nei limiti e con le modalità stabilite dal testo unico delle disposizioni recanti provvedimenti per il risarcimento stesso ».

II

LA CAUSA DEL DANNO

Il fatto bellico – Con la legge che si propone il concetto di fatto bellico si amplifica per ragioni di giustizia per permettere che entrino nella figura giuridica circostanze causative del danno che non appaiono nella legge n. 1543 del 1940 nè nell'estensione data alla figura stessa con il riconoscimento del D. L. Capo Provvisorio dello Stato 6-7 ottobre 1946, n. 226. L'ampliamento della figura giuridica del fatto bellico è un derivato dalla molteplicità delle forme e degli effetti della guerra combattuta e dello stato di guerra e della complicazione di urto tra gli Stati prima alleati e poi nemici e tra Stati prima nemici e poi cobelligeranti ed, infine, è un derivato anche dalla persecuzione inflitta a persone di determinata razza o di dato credo politico.

La molteplicità delle forme di guerreggiare e le conseguenze e gli effetti di tali forme non sono stati considerati dal legislatore del 1940 per ragionevole imprevisione della durata del conflitto e dello sconvolgimento arrecato all'ordine della vita civile.

Perciò fatto bellico produttivo di danno è stato considerato anche quello compiuto da forze cobelligeranti.

Un rilievo è stato dato ai danni prodotti da circostanze dipendenti dallo stato di guerra e da circostanze inerenti alle particolari forme con le quali alcune operazioni belliche hanno gravato sulla vita civile costituenti il danno tipico da abbandono forzato di domicilio rimasto incustodito.

Purtroppo i Ténardiers di Waterloo sono ricomparsi anche in questa guerra a completare l'opera distruttiva del ferro e del fuoco perchè dovunque il terrore del pericolo aereo faceva scappare la popolazione dalle proprie case, ivi si aveva subito la visita degli sciacalli umani preordinatori dolosi di questo danno addizionale a quello provocato dall'operazione di guerra.

Voler distinguere per escludere quest'ultima forma di danno sarebbe una ingiustizia se si consideri che abitazioni rimaste illese nelle zone battute ma dovute abbandonare sono state saccheggiate dall' uomo subito dopo i bombardamenti e tra un allarme e l'altro.

Norme ministeriali avevano previsto il caso dell'abbandono forzato della abitazione ma limitato alle linee di fuoco, e se il saccheggio operato da forze militari regolari ed irregolari è stato riconosciuto, quale differenza sostanziale vi sarebbe fra il saccheggio verificatosi ad opera non di forze militari ma connesso allo stato di guerra in movimento ?

III

L'ORDINE NEL RISARCIMENTO

L'ordinamento economico che viene a formarsi sotto l'influenza dell'idee di democrazia e di giustizia sociale è un ordinamento economico nel quale agisce vivamente una idea di proporzione, un 'idea di perequazione, un'idea di equità e di solidarietà sociale e per cui i privilegi, specie economici, comunque esistenti subiscono una modifica ed una rettificazione indiscutibili.

La legge che si propone si ispira a queste profonde esigenze di giustizia sociale anche perchè il danno di guerra, che è un avvenimento di incalcolabile peso economico-sociale oltre che spirituale, mette anche alla prova la volontà effettiva di giustizia sociale affermata, sostenuta, difesa con unanime impegno dai partiti, dalla opinione pubblica, dai governanti.

L'ispirazione sociale della legge vuole dunque risarcire scostandosi dalla rigida logica economica e per cui se non si ricostituisce il bene strumentale prima, non si riottiene il prodotto ; e poichè la nuova ricchezza non si produce con il solo lavoro ma anche con il *nuovo* capitale, a stretta logica economica bisognerebbe dare una preferenza alla ricostituzione generale del capitale distrutto o reso improduttivo dalla guerra rispetto ai beni di consumo. Ma come osservare al 100 % questa verità economica nei riguardi di un tipico bene di consumo che è anche un grande tipico bene sociale, la casa ?

1 – *La casa* – Perciò la casa, e altri edifici urbani, non è stata considerata come un bene di consumo strettamente economico ma un bene di consumo economico-sociale, ed essa dovrebbe essere risarcita prima che altri settori economici possano essere ricostituiti attraverso il risarcimento, e risarcita con un criterio di valutazione realistico per modo da permettere al danneggiato totale l'effettiva ricostruzione. A questo riguardo verrebbe provveduto con il criterio del coefficiente di aggiornamento prezzi formato secondo il variare del mercato

dal Ministero dei LL. PP. in collaborazione con l'Associazione dei danneggiati di guerra e facendo riferimento all'epoca della ricostruzione o ricostruzione in natura.

2 – *I beni domestici* – Conseguenza di questa considerazione maggiore data al risarcimento della casa è l'eguale considerazione data al contenuto indispensabile della casa nella inscindibile unità funzionale della attrezzatura domestica necessaria e dello ambiente, in quanto è così intima l'unione funzionale tra il fabbricato e la sua attrezzatura domestica che casa si intende precisamente tutto questo insieme organico.

Perciò i beni di abitazione, che sono anch'essi, come la casa, considerati beni a consumo ripetuto e durevole ma sempre beni di consumo, dovrebbero ricevere un trattamento ricostitutivo che vada di pari passo con quello dell'ambiente, e cioè considerati nel loro valore all'atto della liquidazione sufficiente a permetterne la ricostituzione totale perchè la casa senza mobili ed i mobili senza casa sono elementi inconcepibili. Eppertanto il previsto aggiornamento di valore ai fini risarcimentali sarà determinato con coefficiente ministeriale sentita l'Associazione dei danneggiati.

3 – *I beni professionali* – Questa specie di beni rientra nel principio della preferenzialità non tanto per la loro posizione di fattore di produzione nell'impresa di cui fanno parte ma in quanto appartengono e sono modesti beni capitali o strumenti indispensabili a valorizzare il lavoro professionale del danneggiato.

Il progetto di legge riferisce questi beni alla piccola impresa più che al piccolo imprenditore di cui all'art. 2083 del Codice Civile perchè richiedendo, per la risarcibilità, che i beni colpiti siano stati destinati all'esercizio di una piccola impresa produttiva o di un'attività professionale, esclude quegli altri beni mobili non di abitazione di proprietà del piccolo imprenditore ma non destinati all'esercizio d'impresa. E la limitazione si comprende se scopo della legge risarcimentale in questo settore economico è la ricostituzione funzionale del complesso aziendale modesto, che nel patrimonio residuo non trova altre risorse a cui attingere per ricostituire. Perchè se il piccolo imprenditore, come anche il danneggiato ai beni di abitazione si trovano ad essere proprietari di altri beni esistenti al momento del danno o anche acquisiti comunque al momento del risarcimento, e questi beni rappresentino un complesso patrimoniale tale in rapporto allo stato di bisogno del danneggiato da non rendere necessario l'intervento risarcimentale integrale, l'istesso principio sociale, che ha suggerito un trattamento preferenziale di integralità e di rapidità applicabile a questa specie di beni rispetto ad altri gruppi, agisce in senso opposto per derogare al principio dell'integralità con limitazioni precisabili e regolabili in sede di regolamento.

A parte le limitazioni aventi sempre carattere eccezionale al principio dell'integralità del risarcimento di questi beni mobili di abitazione e strumentali in lato senso, all'urgenza ed alla improrogabilità della loro ricostituzione è stato provveduto con la modalità del pagamento in unica soluzione.

4 – *Risarcimento delle aziende danneggiate* – La materia, che forma oggetto di questa relazione, non comprende il campo del risarcimento ai beni organizzati in aziende che non siano le piccole imprese di cui all'art. 2083 del codice civile.

La predisposizione dei principi generali sui quali dovrebbe fondarsi la regolamentazione giuridica del danno di guerra delle aziende sarà fatta dall'Associazione Nazionale delle Aziende Danneggiate.

Questa Associazione esporrà in un proposta di progetto il suo punto di vista sul risarcimento dei beni (ed è sottinteso non delle Aziende come complesso unitario di beni) che fanno parte di Aziende che non siano le piccole imprese di cui a l'art. 2083; il progetto così predisposto sarà oggetto di esame discussione ed approvazione nell'ambito della Confederazione sia come progetto a sè stante sia come progetto da inserirsi coordinarsi e fondersi nel progetto di legge generale interessante tutti i beni indipendentemente se essi appartengano alle piccole o alle non piccole imprese.

Questa separata trattazione risarcimentale dei beni, a seconda che essi appartengano o meno alla piccola impresa, non deve far pensare ad una distinzione antagonistica tra gli interessi dell'imprenditore capitalista e gli interessi del piccolo imprenditore o un qualsiasi proprietario domestico-patrimoniale.

Questa separata trattazione risarcimentale si spiega con ragioni di tecnica di studio perchè l'Associazione Nazionale delle Aziende Danneggiate sa e condivide con noi il punto di vista di un risarcimento integrale ai beni delle piccole imprese, e la Federazione Nazionale Dahneggiati di Guerra sa e condivide con l'Associazione delle Aziende che il risarcimento dei beni capitali è un interesse da soddisfare non soltanto del danneggiato ma dell'economia nazionale.

Ora il punto di incontro e di fusione tra i due complessi di principi e poi di norme sta nei limiti e nei modi di risarcire i beni delle Aziende non comprese nel gruppo di quelle di cui all'art. 2083 codice civile.

Anche qui l'idea onnipresente della giustizia sociale operante nella coscienza dell'imprenditore e del piccolo imprenditore daranno prova di quella saggezza sociale che rappresenta l'esigenza più acuta della vita in comune della società contemporanea.

IV

LE FONTI ED I MODI DI FINANZIAMENTO DEL RISARCIMENTO

Il finanziamento del risarcimento previsto dal progetto di legge si scosta dal finanziamento tipico per pagare un debito dello Stato ed al quale si provvede con tutte le entrate derivate, ordinarie e straordinarie, a seconda il carattere ordinario o straordinario dell'obbligazione statale, prelevate dalla ricchezza privata e commisurate al capitale o al reddito dei contribuenti. La specialità della materia dei danni di guerra che dà luogo alla obbligazione statale non consente pagare con il danaro di tutti i contribuenti, altrimenti il provvedimento legislativo proposto non sarebbe un provvedimento ispirato alle idee di giustizia sociale e di solidarietà nazionale per la ricostruzione del Paese, ma sarebbe invece una comune, ordinaria legge finanziaria dello Stato. Questo non è nell'intenzione e nella volontà delle categorie promotrici e proponenti del progetto di legge, e tanto è vero ciò che il procedimento di proposizione legislativa scelto rappresenta il ricorso eccezionale alla volontà popolare potuto esperimentare soltanto ora per la prima volta in Italia grazie al provvido disposto del secondo comma dell'art. 71 della nuova Costituzione.

L'origine popolare della legge, perciò, richiama il carattere speciale del provvedimento legislativo che si vuole conseguire.

Se questa legge non avesse un tal carattere, la giustizia sociale richiamata nel preambolo di principio si esaurirebbe in un'affermazione teorica ed astratta appagante soltanto l'animo avido di giustizia riparatrice ma vuota di concretezza e di risultati effettivi realizzatori di un tal principio ispiratore dell'intera materia.

Pertanto, le fonti a cui lo Stato dovrebbe attingere per procurarsi i mezzi di pagamento sono caratterizzate dalla loro specialità di origine e di natura fiscale in armonia ed in adesione ai principi informatori della nuova legge.

La prima fonte di entrata rappresenta il contributo della cooperazione economica dell'America a quel settore della ricostruzione generale dell'Italia mai nominato dal Governo in coerenza riprovevole all'accantonamento del problema generale dei danni di guerra e riguardante il settore della ricostruzione risarcimentale. Se la ricostruzione del Paese è un'attività economica eccitata dal danno di guerra perchè è stato il danno di guerra a produrre la perdita economica di parte dell'attrezzatura mobiliare ed immobiliare, logica, naturale, necessaria, giusta appare la destinazione di almeno parte di fondi americani al fine ricostruttivo risarcimentale. Una esclusione di tali fondi al servizio ricostruttivo risarcimentale denuncerebbe una ingiustizia gravissima ; ma i sinistrati saranno vigilanti più che mai sulla giusta distribuzione di tali fondi.

Il collocare, poi, al primo posto questa fonte di finanziamento sta a dimostrare quale peso e importanza la categoria interessata annette a tali fondi.

La seconda fonte di finanziamento è rappresentata da aliquote del gettito di tributi straordinari connessi alla contingenza bellica e che precisamente ad essa devono la loro ragione di essere.

Anche ragioni di giustizia oltre che ragioni di congegno finanziario hanno consigliato ricorrere al gettito di un gruppo di tributi straordinari che rappresentano la faccia economicamente opposta del danno.

Prelevare delle entrate derivanti da profitti di regime, da profitti di contingenza e da profitti di guerra significa attingere proprio a quelle fonti di lucro straordinario che nella guerra e nello stato di guerra ha trovato la sua causa specifica di conseguimento. E poichè gli utili straordinari comunque derivati dalla guerra si sono venuti a consolidare nell'entità patrimoniale, appare giustificato che una parte del gettito dell'imposta straordinaria progressiva sul patrimonio, istituita per far fronte a bisogni straordinari della intensificazione della ricostruzione del Paese, sia destinata a far fronte ai bisogni straordinari della ricostruzione risarcimentale.

Infine, l'ultima delle fonti di finanziamento è costituita dal gettito di una contribuzione straordinaria dovuta da tutti i patrimoni. Questa fonte crea un mezzo finanziario nuovo ed a sè stante come configurazione fiscale perchè è concepita con una funzione di contribuzione generale estesa anche ai patrimoni non imponibili rispetto all'imposta progressiva che ammette esenzioni e moderazioni.

Tale contribuzione è la specifica contribuzione di tutti i cittadini a risarcire il danno di guerra considerato come avaria nazionale, e questa contribuzione si giustifica con il principio della mutualità per cui il danno di guerra del singolo diventa quota del danno di guerra di tutti, di quelli che hanno sofferto e di quelli che non hanno sofferto il danno stesso.

Questo principio è la più chiara e la più concreta applicazione sociale della giustizia distributiva, ed esso dovrebbe servire da monito ai cittadini nelle loro reponsabilità di elettori e di eleggibili nell'amministrazione della cosa pubblica.

Rinviando alla relazione specifica affidata al relatore speciale la trattazione analitica del sistema di finanziamento fondata sul principio mutualistico, in sede di relazione generale è opportuno fare considerazioni generali sull'applicazione di questo concetto nei suoi rapporti con l'intero sistema di finanziamento del risarcimento.

L'applicazione del principio mutualistico è una grande idea finanziaria ; è una grande idea perchè grande è l'idea di giustizia alla quale il principio mutualistico si ispira, prende origine e forma.

Tale principio implica una grande operazione statistica nazionale per accertare i patrimoni privati esistenti ad una certa data e per accertare i patrimoni privati danneggiati ad un certa data, e ciò allo scopo di poter stabilire l'aliquota del danno nazionale. Questa aliquota, poi, mentre misura il rapporto percentuale del danno nazionale ai beni privati, è essa stessa aliquota grezza di ricostruzione perchè stabilisce la base generale di commisurazione del contributo di ciascun patrimonio danneggiato e non danneggiato al finanziamento risarcimentale generale.

Ma questo della contribuzione patrimoniale generale è una delle fonti di finanziamento della ricostruzione risarcimentale, e poichè vi sono le altre fonti sopra elencate, l'aliquota di ricostruzione del principio mutualistico subisce una riduzione in corrispondenza all'entità della contribuzione ricevuta dal fondo del Piano Marshall e dal gettito della percentuale dovuta dai tributi straordinari.

Questa riduzione percentuale dell'aliquota di ricostruzione rappresenta ed è il punto di coordinamento finanziario del principio mutualistico, quale una delle fonti di finanziamento, con le altre fonti internazionali e nazionali di finanziamento dell'intero sistema. Logicamente il principio mutualistico, in ossequio al principio fondamentale dell'integrale risarcimento di modesti patrimoni al quale la futura legge si ispirerà, subisce delle eccezioni. La contribuzione dei patrimoni indenni è generale ma non universale perchè sono esclusi dalla contribuzione mutualistica i seguenti beni :

per i beni mobili :

a) i beni di abitazione

b) i beni professionali

c) i beni di impianto e le scorte delle modeste attività commerciali

d) i beni artigianali.

e) strumenti ed utensili dell'agricoltore diretto.

per i beni immobili :

La casa di abitazione quando essa rappresenta l'unico cespite del danneggiato.

Tali specie di beni sono esclusi dalla contribuzione mutualistica per la contraddizione che nol consente con il principio del risarcimento integrale ai patrimoni modesti.

Dopo le fonti del finanziamento la Commissione di Studio si è preoccupata del modo di amministrazione delle entrate derivanti da questo sistema di procacciamento di mezzi finanziari in funzione risarcimentale, ed il primo pensiero è stato quello di sottrarre il gettito di tali entrate alla comune ordinaria amministrazione dello Stato, e per vincolarle allo specifico scopo risarcimentale è stato stabilito che il gettito delle entrate stesse sia fatto affluire ad un fondo speciale amministrato distintamente dalla gestione del bilancio generale. Quindi avremo un fondo speciale perchè esso raccoglie soltanto le entrate derivanti dal suesposto sistema di procacciamento di mezzi, ed un'amministrazione autonoma del fondo stesso distinta e separata dall'Amministrazione statale.

Così ordinato il sistema di amministrazione, sembra che questo sia il modo più adatto a garantire i sinistrati da diverse eventuali destinazioni del danaro così raccolto, ma senza possibilità di storni per scopi diversi che non siano quelli del finanziamento risarcimentale.

V

LA DOMANDA DEL RISARCIMENTO

In sede di riforma della legislazione, l'istituto della domanda ha bisogno anch'esso di una regolamentazione modificata in merito ad alcuni ma importanti aspetti.

Il primo aspetto reclamato dalla categoria è la riapertura dei termini delle denuncie.

E' strano che si sia fissato un termine perentorio del 31 dicembre 1946 per la presentazione delle denuncie mentre a circa 2 anni dalla chiusura di tale termine la legge continua ad essere inoperante.

La desuetudine della legge 1940 e successive disposizioni ha provocato nella categoria un disorientamento, una confusione e per cui gli interessati non hanno potuto formarsi una chiara coscienza dello stato della legislazione e dei loro obblighi in rapporto a diritti privi di un contenuto delineatosi chiaro e di possibile realizzazione.

Questa confusione che la frammentarietà della legislazione ha prodotto nella coscienza di molti sinistrati ha dato luogo anche a spiegabili omissioni di presentazione nei termini del 31 dicembre 1946. Senza dire che moltissimi sinistrati si trovano ancora senza il possesso della ricevuta e quindi giuridicamente non denuncianti perchè il disservizio di molte Intendenze, per insufficienza numerica e qualitativa del personale impiegato, ha permesso di raccogliere le denuncie e non rilasciare immediatamente la ricevuta, ed anche perchè non sono stati pochi i casi di dispersione di interi fascicoli di denuncie senza rilascio di ricevuta.

La legislazione poi del contributo alla spesa di ricostruzione e riparazione edilizie, interferendo praticamente con la legislazione risarcimentale, ha creato nella categoria la falsa opinione che la domanda di contributo sia anche denuncia del danno, ed in questa confuzione di idee in cui il danneggiato è venuto a trovarsi a causa della disorganicità della legislazione generale sui danni di guerra, molti interessati si sono limitati alla domanda di contributo quale equivalente di denuncia del danno.

Ma la riapertura dei termini nei riguardi speciali delle domande di risarcimento agli immobili urbani e rurali ammessi al contributo statale alla spesa di riparazione e ricostruzione si impone anche per ragioni metodologiche in rapporto alla procedura di chiusura contabile di dare ed avere del danneggiato nei riguardi dello Stato.

Il contributo statale è, in sostanza, un'anticipazione aggiornata del risarcimento. Esso va tenuto in conto di quello che sarà il credito del danneggiato. Quando lo Stato definirà questo credito in esistenza ed in quantità, lo Stato stesso si troverà in questo rapporto di obbligazione ; è debitore del risarcimento definitivamente liquidato, per l'unità del rapporto sottostante è creditore delle anticipazioni a causa del contributo di cui alla legge 10 aprile 1947 n. 261. Le due partite si compenseranno sino alla loro concorrenza, ed in definitiva il danneggiato avrà verso lo Stato un credito residuale pari alla differenza tra la somma di risarcimento definitivamente liquidata e la somma delle anticipazioni a titolo di contributo, se non ricorrano rapporti risarcimentali di altra specie.

Ma la compensazione fra il debito ed il credito non potrà farsi se mancasse un elemento costitutivo di questo rapporto rappresentato dalla liquidazione risarcimentale, e la mancanza di un elemento costitutivo di questo rapporto sarebbe dovuta all'impossibilità del calcolo liquidatorio se vi fosse stata la domanda di contributo ma fosse stata omessa la domanda di risarcimento, più importante della domanda di contributo perchè fondamentale e pregiudiziale.

In altri termini, poichè il contributo statale di cui alla legge 10 aprile 1947 n. 261 (art. 16, 50, 73) è soggetto a conguaglio ed a conguaglio proprio in sede risarcimentale e non contributiva, se vi è omissione di domanda di risarcimento, il conguaglio non potrà farsi per la mancanza di domanda.

Ora, la riapertura dei termini rimetterebbe sul binario della legge quei sinistrati omittenti della domanda di risarcimento rispetto alla domanda di contributo presentata ed accolta.

Da un punto di vista economico, poi, la domanda di risarcimento ha per oggetto il danno emergente con le operazioni tecniche di accertamento e valutazione in cui vi è sempre un elemento di discrezionalità anche per il riferimento remoto del valore da misurare ; la domanda di contributo ha per oggetto la spesa di riparazione e ricostruzione, ed il calcolo di tale spesa è fondato sui preventivi appurati di spesa attuale.

E potrebbe anche darsi il caso di un'erogazione di contributo superiore alla entità del danno ; ma se questo non è accertato e liquidato, non mette lo Stato nella possibilità di un recupero esatto.

Infatti, l'art. 87 del D. L. C. P. S. del 10 aprile 1947 n. 261 rappresenta il punto di incontro contabile tra le provvidenze del contributo e l'indennità di risarcimento perchè esso dice :

« L'ammontare dei contributi concessi a norma degli artt. 16, 50, 73 ai proprietari che eseguono direttamente lavori di riparazione e di ricostruzione, e quello della spesa sostenuta dall'Amministrazione dei Lavori Pubblici nel caso di lavori di riparazione eseguiti dal Genio Civile, è comunicato all'Intendenza di Finanza competente per territorio ai fini di eventuali conguagli in sede di liquidazione, a favore del proprietario, di indennità per danni di guerra ».

E la grafia dei moduli obbedisce a tale esigenza contabile.

Le omissioni pertanto vanno registrate di più nel gruppo dei sinistrati poveri.

A risolvere questi inconvenienti senza necessità di fare una casistica delle varie circostanze che abbiano influito ad cmettere o ritardare le denuncie rispetto al termine del 31 dicembre 1946, si crede giusto stabilire la riapertura dei termini e stabilire, anche, che saranno accettate denuncie nuove entro un anno dall'entrata in vigore della nuova legge.

Altro aspetto della denuncia, che andrebbe riformato, è quello della congruità dei valori denunciati.

Moltissime sono le denuncie con valori mobiliari inferiori a quelli previsti dall'art. 6 della legge 1543 del 1940, perchè, se si sono verificati casi di infedele denuncia per eccesso, si sono anche verificati casi di infedele denuncia per difetto in quanto sono stati indicati valori di costo spesso riferiti a molti anni addietro invece che valori venali in comune commercio al momento del danno.

Questi casi di infedeltà per difetto vanno debitamente considerati nel senso di ammettere esplicitamente l'istanza di rettificazione per aggiornarli alla epoca del fatto bellico.

E' vero che la legge non vieta queste istanze integrative, ma gli uffici finanziari hanno assunto un atteggiamento sfavorevole fino a reputare improponibile ed a rigettare di conseguenza qualsiasi istanza del genere.

VI

LA TUTELA DEL DANNEGGIATO

1 – *Istituzione del contenzioso dei danni di guerra* – Un diritto senza tutela è un diritto teorico, e non c'è pretesa riconosciuta al singolo dall'ordinamento giuridico che non sia resa realizzabile attraverso l'apparato giurisdizionale.

La concezione concessionistica della legge 1543 del 1940 forse spiega nel piano della tutela giuridica l'insufficienza dei mezzi di difesa del danneggiato rispetto alla P. A. e spiega anche l'intima grave ingiustizia dell'inappellabilità delle decisioni delle Commissioni quando esse hanno deliberato nella sfera di competenza di valore loro attribuita.

Le decisioni delle Commissioni sono definitive, sanziona l'art. 16 della legge fondamentale; definitive sono anche le determinazioni attribuite agli uffici finanziari per denuncie inferiori ad un dato limite di valore, e l'art. 19 stessa legge ha questa dizione: « La liquidazione delle indennità fatta nei modi stabiliti dagli articoli precedenti costituisce provvedimento definitivo », e l'art. 12 delle norme integrative e regolamentari del 16 dicembre 1940 n. 1957 sembra chiudere la serie delle ingiustizie allorchè ripete: Tutte *le decisioni* delle Commissioni ai sensi della legge e del presente decreto costituiscono provvedimenti definitivi ».

In sede istruttoria, poi, gli uffici liquidatori e le Commissioni hanno facoltà di invitare l'interessato a presentarsi personalmente per fornire chiarimenti o esibire documenti; l'ufficio liquidatore ha facoltà di intervenire alle udienze della Commissione (art. 12 norme integrative).

Da questa esemplificazione procedurale si rileva :

1) che il danneggiato non ha diritto di audizione, sia in sede burocratica sia in sede di Commissione perchè egli può presentarsi soltanto se richiesto dagli uffici e dalle Commissioni ;

2) che, in conseguenza, mancano gli istituti dell'interrogatorio e del contradditorio, mezzi procedurali indispensabili alla buona amministrazione della giustizia nella P. A. ;

3) che le decisioni degli uffici e le deliberazioni delle Commissioni, per quanto riguarda la competenza di valore per cui possono pronunziarsi, sono inappellabili, ossia vi è un solo grado commissionale ;

4) che tale posizione giuridica della Commissione rispetto al diritto del sinistrato equivale a diniego di giustizia in quanto il sinistrato non ha diritto di appello nè diritto all'audizione perchè questo ultimo diritto è riconosciuto soltanto all'Amministrazione ed alle Commissioni ;

5) che la distribuzione circoscrizionale delle Commissioni è tale da rendere costosa ed onerosa la difesa del danneggiato in quanto le Commissioni stesse sono Compartimentali ossia competenti per un insieme di Regioni.

In questo campo, che attiene alla realizzazione concreta del risarcimento, la riforma investe l'impostazione dell'istituto della tutela. Si rende perciò indispensabile la creazione del contenzioso amministrativo ossia istituire la funzione giurisdizionale nelle Commissioni acciocchè sia evitata la possibilità dell'arbitrio nella determinazione dell'accertamento e della liquidazione del danno.

La P. A. propone e, se il danneggiato accetta, la proposta diventa negoziale e perciò vincolante nei riguardi dell' interessato (istituto del concordato).

Se la P. A. propone ed il danneggiato non accetta, il negozio giuridico non si forma, ed il danneggiato ha aperto la strada al ricorso, ed al ricorso che deve presentare un minimo di garanzia giurisdizionale di dibattito con i più opportuni mezzi di difesa (diritto di audizione e di consultazione degli atti, memorie difensive, prove) acciocchè la posizione del danneggiato, che con la denuncia del danno si dichiara creditore dello Stato, non sia minimizzata per il solo fatto di trovarsi davanti ad un convenuto come lo Stato che è il massimo soggetto pubblico.

2 – *Ordinamento e composizione delle Commissioni* – L'ordinamento delle Commissioni dovrebbe essere rappresentato da Commissioni mandamentali e provinciali e da Commissioni Compartimentali e Centrale.

La loro competenza circoscrizionale è determinata dal valore e dalla materia e dalle attribuzioni di cui saranno investite.

Perciò esse si distingueranno in Commissioni di accertamento e di liquidazione ed in Commissioni giurisdizionali.

Le Commissioni di accertamento e di liquidazione hanno l'attribuzione di accertare e liquidare il danno e sono costituite dalle Commissioni Provinciali con sezioni staccate nei mandamenti nel caso che l'entità dei danni in determinati comuni esigesse la costituzione di apposita sezione.

Le Commissioni Compartimentali e la Commissione Centrale hanno una funzione giurisdizionale di conoscere, la prima, le controversie tra Amministrazione e Danneggiato che non accetti le decisioni delle Commissioni di Liquidazione; la seconda, le controversie tra Amministrazione e Danneggiato in sede di appello o per le sole questioni di diritto.

Quest'ordinamento commissionale presenta dunque queste caratteristiche: Commissioni di Liquidazione accertatrici e liquidatrici del danno con facoltà di definizione concordataria in obbedienza all'interesse stesso del danneggiato di addivenire quanto prima alla determinazione del credito; Commissioni giurisdizionali rappresentate dalle Commissioni Compartimentali e dalla Centrale con l'attribuzione, la prima, di decidere controversie nel merito, e la seconda con la doppia attribuzione di decidere nel merito quale sede di appello contro le decisioni delle Commissioni Compartimentali e di decidere esclusivamente su questioni di diritto.

Questo ordinamento costituisce il doppio grado di ricorso giurisdizionale esperimentabile nelle Commissioni Compartimentali e nella Commissione Centrale, ed una competenza liquidatrice concordataria nella Commissione di Liquidazione.

Il compito perciò degli uffici finanziari è limitato all'istruttoria dell'accertamento del danno in uno alla proposta di liquidazione del credito.

3 – *Composizione della Commissione* – La legge 1543 prevedeva questa composizione delle Commissioni: n. 7 membri per le Commissioni Compartimentali rappresentanti l'Amministrazione finanziaria, le categorie economiche interessate e presiedute da magistrati.

N. 11 membri almeno per la Commissione Centrale rappresentante anche essa l'Amministrazione finanziaria e le categorie economiche interessate e presiedute da magistrati.

La riforma legislativa dell'ordinamento della tutela deve preoccuparsi di innovare nella composizione rappresentativa delle Commissioni nelle quali non può mancare la partecipazione dei danneggiati di guerra rappresentati unitariamente dalla loro Associazione.

La vastità, l'importanza tecnica, l'entità degli interessi della materia dei danni di guerra che spazia dall'agricoltura all'industria, dal commercio al consumo dei beni richiedono una preparazione generale e speciale che soltanto un'Associazione Nazionale dà affidamento di possedere non solo nell'interesse dei suoi rappresentati ma, spesse volte, nell' interesse della stessa Pubbblica Amministrazione per il contributo di rapidità alle decisioni che la competenza permette conseguire rispetto al singolo danneggiato ignaro di legge, di regolamento, di istruzioni ministeriali e sfornito di mentalità giuridica.

Nè questa partecipazione rappresentativa costituisce, sostanzialmente, una novità perchè la legislazione del 1940 prevedeva una rappresentanza, allora corporativistica perchè allora tutto era corporativo, degli interessati alle singole categorie economiche.

La novità compositiva delle Commissioni sta nel fatto che la rappresentanza dei sinistrati di guerra è ora unitaria perchè esercitata dall'Associazione, e se i due grandi settori economici del grande e piccolo capitale si saranno dato la mano nei principii generali della legge, ogni eventuale divergenza verrebbe ad essere di già preventivamente superata nel campo della norma positiva tutelatrice, e quindi nessun contrasto dovrebbe comparire nello svolgimento concreto della funzione rappresentativa sia amministrativa che giurisdizionale attinente al campo della tutela associativa del danneggiato di guerra.

VII

CONCLUSIONI

Questa relazione ha inteso trattare i piloni dell'ordinamento generale di una riforma legislativa di proposizione popolare per virtù dell'art. 71 della nuova Costituzione.

Alla maggior parte dei congressisti è nota l'origine di tale iniziativa. Essa è stata accolta in un baleno ad unanimità dall'Organizzazione per la intuizione degli effetti risolutivi che avrebbe apportati ad una situazione di sospensione pregiudizievole non solo al singolo danneggiato ma all'interesse collettivo della ricostruzione mentre altri Paesi hanno già legiferato a tal proposito da circa due anni.

Il progetto di iniziativa popolare è ispirato al principio della giustizia sociale ed alla ricostruzione del Paese in funzione risarcimentale.

I principi esposti sono i grandi pilastri economici del provvedimento che chiediamo.

Questi principi li riassumiamo in queste conclusioni, che sono la traccia sulla quale è aperto il dibattito di questo Congresso.

Tali principi possono così riassumersi:

1 – Riconoscimento del diritto al risarcimento quale garanzia giuridica di realizzazione della domanda

2 – Figura giuridica del fatto bellico come causa del danno

3 – Ordine del risarcimento di alcuni beni di grande interesse sociale rispetto agli altri beni (risarcimento integrale)

4 – Valutazione del danno

5 – Il finanziamento speciale del risarcimento e la sua amministrazione autonoma (principio della mutualità)

6 – La domanda di risarcimento (riapertura di termini ed istanze suppletive).

7 – Tutela del danneggiato in sede amministrativa e giurisdizionale.

La trattazione dello sviluppo dettagliato di questi principi in ogni loro aspetto economico finanziario e giuridico sarà fatta in sede di progetto articolato della legge.

Oggi questa impostazione avrà il contributo critico della vostra coscienza, della vostra esperienza, della vostra scienza per la costruzione e sistemazione saggia di questa travagliata materia.

Il Comitato d' Intesa, che ha voluto questo Congresso, è convinto che gli organi del potere esecutivo non penseranno che l'iniziativa popolare dell'art. 71 rappresenti un conflitto di attribuzione tra Governo e Popolo ma invece collaborazione ACCELLERATRICE della riforma legislativa sui danni di guerra, ed in questo spirito di collaborazione, *perchè siamo tutti italiani*, io auguro che da questa discussione libera ordinata democratica la materia dei danni di guerra possa uscire alla nuova luce giuridica sistemata con quel sentimento di giustizia riparatrice che la nostra civiltà cristiana favorisce e promuove dovunque sofferenze e privazioni tengono l'uomo in un tale stato materiale di inferiorità per cui anche lo sguardo dell'anima a Dio non è nè pieno di consolazione nè sufficientemente rafforzato a sostenere le battaglie del bene.

INDICE - SOMMARIO

L. 120 —